Un Nouvel Elan vers le Succès

Herve Koffi

Un Nouvel Elan vers le Succès

Éditions Vie

Impressum / Mentions légales

Bibliografische Information der Deutschen Nationalbibliothek: Die Deutsche Nationalbibliothek verzeichnet diese Publikation in der Deutschen Nationalbibliografie; detaillierte bibliografische Daten sind im Internet über http://dnb.d-nb.de abrufbar.
Alle in diesem Buch genannten Marken und Produktnamen unterliegen warenzeichen-, marken- oder patentrechtlichem Schutz bzw. sind Warenzeichen oder eingetragene Warenzeichen der jeweiligen Inhaber. Die Wiedergabe von Marken, Produktnamen, Gebrauchsnamen, Handelsnamen, Warenbezeichnungen u.s.w. in diesem Werk berechtigt auch ohne besondere Kennzeichnung nicht zu der Annahme, dass solche Namen im Sinne der Warenzeichen- und Markenschutzgesetzgebung als frei zu betrachten wären und daher von jedermann benutzt werden dürften.

Information bibliographique publiée par la Deutsche Nationalbibliothek: La Deutsche Nationalbibliothek inscrit cette publication à la Deutsche Nationalbibliografie; des données bibliographiques détaillées sont disponibles sur internet à l'adresse http://dnb.d-nb.de.
Toutes marques et noms de produits mentionnés dans ce livre demeurent sous la protection des marques, des marques déposées et des brevets, et sont des marques ou des marques déposées de leurs détenteurs respectifs. L'utilisation des marques, noms de produits, noms communs, noms commerciaux, descriptions de produits, etc, même sans qu'ils soient mentionnés de façon particulière dans ce livre ne signifie en aucune façon que ces noms peuvent être utilisés sans restriction à l'égard de la législation pour la protection des marques et des marques déposées et pourraient donc être utilisés par quiconque.

Coverbild / Photo de couverture: www.ingimage.com

Verlag / Editeur:
Éditions universitaires européennes
ist ein Imprint der / est une marque déposée de
OmniScriptum GmbH & Co. KG
Heinrich-Böcking-Str. 6-8, 66121 Saarbrücken, Deutschland / Allemagne
Email: info@editions-ue.com

Herstellung: siehe letzte Seite /
Impression: voir la dernière page
ISBN: 978-3-639-78605-7

Un Nouvel Élan vers le succès

I-Historique

La question du succes est aujourd'hui le centre d'intérêt de tous les débats dans le monde professionnel jeune .Les gens en parlent a tout point de vue de tout et parfois sauf l'essentiel.

Mon integration dans le monde professionnel depuis 2009 m'a permis de d'analyser et de comprendre les carences relatives au manque d'evolution ,de succes et d'intégration de la majorite de la jeunesse dans le monde professionnel libre.
Ce document est un veritable outils d'eveil de conscience,d'orientation ,de coaching pour ceux aspirant a un changement de quoi.

Vous comprendrez dans ce document que votre vie prend un nouvel elan vers le succes que si vous le decidiez.
Bonne chance a vous leader.

II-La notion du coach

Le mot coach est couramment utilisé mais les gens ne savent pas ce qu'il ya derriere.Il

est meme devenu un effet de mode et on pourrait avoir l'impression qu'il s'agit de quelque chose de nouveau,quelque chose de fabriqué pour artificiellemnt répondre à un besoin temporaire qui sera different dans quelque années.

En fait le coaching a toujours existé et il existera toujours .De tout temps ,certains hommes en ont aidé d'autres .Les moyens mis en oeuvre étaient differents mais l'attitude interieure etait la meme.

Le coaching est quelque chose de naturel ,c'est l'action d'accompagner une personne ,dans un cadre professionnel ou personnel ,afin de l'aider à developper des capacités ou a acquerir des competences qui lui permettront de s'epanouir d'avantage ,de definir et d'atteindre ce qui est important pour elle et surtout de se sentir bien dans sa vie de tous les jours.

Ce qui a change ces dernieres annees ,c'est la prise de conscience que nous pouvons avoir le choix dans la vie .Avoir le choix d'etre en santé ou de ne pas l'etre ,avoir le choix d'etre pauvre ou riche,seul ou entouré ,optimiste ou pessimiste ,heureux ou malheureux.

SI aujourd'hui plus que jamais les gens cherchent a changer leur vie ,c'est parcequ'ils sentent en eux qu'ils meritent plus ,qu'ils sont capables de plus .Un peu comme une impression de'rouler en 1ere sur l'autoroute ,le moteur force inutilement ,la voiture n'avance pas.

Nous avons besoins de progresser ,de progresser en amour ,de progresser dans nos rapports avec les autrres ,dans nos rapports avec nous meme .

Nous avons besoin de progresser professionnellement ,intelectuellement,socialement ,culturellement

Nous   avons   besoin   de   progresser   emotionnellement, sentimentalement,spirituellement. Etc...

Beaucoup des gens refusent de demander une aide exterieure pour progresser dans leur vie,Pourtant tout s'apprend ,lire,ecrire ,compter,conduire ,travailler....

La plupart des choses ne s'apprennent pas seul ,mais au contact de ceux qui les ont deja apprises avant nous.

"L'intelligence n'est pas de faire croire que l'on sait tout,mais d'avoir le courage de reconnaitre ce qu'il nous reste à apprendre"

Nous avons donc tous besoin toujours d'apprendre d'ou l'idee de coach.

Au vu de ce qui vient d'être défini, l'idée de coach s'avère impératif pour celui qui aspire prendre un nouvel elan vers le succès.

III-Découvrez ,Adoptez et changez!

Comment réagissez vous tres souvent face à certaines situations de la vie qui se

présentent a vous ?

Passez vous tout le temps à vous interroger sur l'origine ?,à accuser les autres ?,ou a assumer vos responsabilités ?

Dans tous les cas vous n'avez pas tord .Mais le plus important est de savoir que meme si 95% des personnes passent leur temps a accuser les autres pour les coups durs qu'ils se font jouer par la vie ,vous etes a 99% responsables de tout ce qui vous arrive dans la vie.

Cela ne doit nous etonner vous et moi puisque nous sommes dotés d'un esprit qui se nourrit de pensées qui ont une trés grande puissance ; là je ne vous enseignent rien vous le savez deja !

Ce que nous voulons expliquer par dessus ,c'est que vous attirez vers vous les bonnes comme les mauvaises choses tout au long de votre existence.

La bonne nouvelle ,est que vous avez la possibilité de choisir (bonnes comme mauvaises choses) et cela commence a partir du moment ou vous commencerez a changer votre mode de penser .

Je voudrais vous emmener a votre découverte ,a votre adoption et a votre changement.Vous devez vous decouvrir(connaitre) ,vous adopter(accepter) et vous connaîtrez le changement (succès).

votre découverte est que vous n'etes pas un surplus de la création ,votre adoption est

que vous etes vous memes.Une fois que vous l'aurez su ,vous verrez que votre decouverte et adoption influenceront positivement votre attitude et pensée. Vous devolepperez ddésormais une attitude et pensée gagnante ,élan vers le succes.

Vous trouverez tout au long du developpment une orientation vers le nouvel elan caracterisé par les attitudes et pensees gagnante dont vous trouverez une liste a la fin de la brochure.

IV-Les signes avant coureur de l'auto emplois

A chaque époque ces réalités. Notre époque est différentes de celle vécue il y'a 50 ans ,100ans.

Sur le plan démographique,la population a augmenté
sur le plan intellectuel ,assez de diplômé...
il y'a un changement sur tous les plans et par forcement en notre faveur.
Laissez moi vous démontrer cela par un exemple palpable en cote d'Ivoire ,pays d'Afrique de l'ouest qui organisait en 2013 le concours d'entrée a l'ENA.

Mes amis la réalité est triste, les chiffres parlent d'eux mêmes et c'est
Plus qu'une bataille ENVIRON 70.000 pré-inscrits pour 250 places.Et je suis convaincu que ces chiffres ne représentent qu'une infirme partie des demandeurs d'emplois.Car d'autres ne remplissent plus les conditions d'age,certains sont décourages car plusieurs fois échoués ,et bien d'autres encore pour des raisons

diverses ...

Et pourtant chaque il ya de nouveaux diplômés chaque année.Cette année l'on a enregistré plus de 42344 candidats au BTS Et 55124 candidats admis au BAC 2013 . Nous avons une façon de suite arithmétique Un,Un+1,Un+2...... Et oui le nombre croit d'année en année et les mêmes problèmes demeurent.

Mes chers amis qu'est ce que j'essaie de vous démontrer ,tout simplement que le marché de l'emploi public est saturé puisque en réalité ces chiffres nous démontre de façon claire et net que notre cher Etat est dans l'impossibilité d'accueillir tous ces cerveaux.

Je pense pour ma part que nous devons changer le fusil d'épaule ,il est tant qu'on 'étende notre champ de vision .

Que faire?

J'entends souvent dire qu'il n'y a pas de travail ,je pense que c'est plutôt les emploi qui ne sont pas crées ,sinon il ya du travail;Et il faut savoir en créer c'est tout .

J'ai lu tout dernièrement dans le journal LA TRIBUNE DE L'ÉCONOMIE que l'Économie verte présente de nombreuses opportunités à saisir .Et donc la cote d'ivoire pourrait investir dans l'Éolien et le Solaire pour créer des emplois puisqu'il ya déjà du travail en ce secteur .Et ce n'est pas la seule opportunité ,il ya en a une brochette .Mais quand est ce que cela se fera?

ET VOUS PENDANT CE TEMPS QUE FAITES VOUS DE VOS TALENTS ,QUALITÉS ET EXPÉRIENCES?

FAUT IL ATTENDRE OBLIGATOIREMENT LA PERCHE DE L'ÉTAT ?

VOUS POUVEZ RÉPONDRE OUI ou NON ou OUI et NON dans tous les cas vous avez raison.

MAIS LAISSEZ MOI VOUS DIRE ET VOUS RAPPELER QUE VOUS POUVEZ MONNAYER VOTRE CONNAISSANCE ET TALENTS POUR VOUS AUTO EMPLOIE .ET C'EST L'UN DES MEILLEURS INVESTISSEMENTS QUE VOUS PUISSIEZ FAIRE POUR SORTIR DE LA MAJORITÉ ET VOUS FAIRE AUSSI REMARQUER POSITIVEMENT.

MES AMIS IL YA TELLEMENT DE SERVICE A RENDRE ,CAR N'OUBLIEZ PAS QUE SERVICE RENDU =L'ARGENT .QUAND VOUS RÉSOLVEZ LE PROBLÈME DES AUTRES AVEC VOS TALENTS ET EXPÉRIENCES ,VOUS COMMENCEZ A CRÉER DE LA RICHESSE.

ET VOUS POUVEZ COMMENCER LA OU VOUS ÊTES.
Je voudrais simplement quevous compreniez que nous sommes a une ère a laquelle les cartes de la reussite sont en notre possession.

V-Entreprendre coute que coute

L'émergence d'une nation commence par la réalisation de la jeunesse c'est a dire la formation et l'initiation a la culture entrepreneuriale de la jeunesse ,a cela s'ajoute la promotion de l'entrepreneuriat et enfin la création d'entreprise qui est synonyme de création d'emplois jeune.

Si nous voulons être émergents,nous devons commencer par révolutionner le secteur de l'entrepreneuriat .Pour ce faire le monde entier a besoin d'entrepreneurs sociaux et non d'entrepreneurs par défaut ou égocentrique.

Un projet qui nait est la reponse a un besoin et cela s'impose ,pas de negociation.L'entrepreneur social doit revolutionner son domaine.Si 'est la peche par exemple ,cela ne consistera pas a pecher et a jetter des filets,mais il doit renover en transformant l'industrie de peche.MC Donalds a revolutionner le secteur de la restauration par la restauration rapide : C'est en cela que nous parlions d'entrepreneur social.Vous devez aller au dela de votre vision et pour ce faire vous devez vous surpasser voir vous oublier quelque soit le temps.Le temps ne devra jamais etre un obstacle pour vous.

Cher leader quand bien même que nous parlions d'émergence, ne voyez pas en cela l'affaire de l'État.vous pouvez vous aussi signer des contrats avec celui ci.Il y'a tant de choses a 'entreprendre pour quand vous choisisez de prendre un nouvel elan.

La premiere condition pour aller vers le succes c'est d'entreprendre.En le faisant vous creer votre emmergence et l'emmergence des Hommes creera celle des nations.
Pour le faire ,il vous faudra d'abord une idée que vous allez ensuite travailler.

V-1Qui peut entreprendre?

Mes amis !le saviez vous ?

Depuis un certains temps le mot ENTREPRENDRE est devenu le centre d'intérêt de la majorité des débats jeunes.Et moi j'en suis véritablement ravi mes très chers.

Cependant il y'a des choses qu'il faut savoir.

On n'entreprend pas parce qu'on a pas eu de boulot ,On entreprend pas non 'plus parce qu'on a une économie qu'on veut fructifier ou parce que c'est une histoire de mode.

Quand je parle d'entrepreneur je parle de quelqu'un qui a le désir intense d'être son propre patron.Quelqu'un qui est capable d'abandonner un poste pour travailler a son compte.Vous pouvez lui proposer un poste ,mais il abandonnera quelque temps après son 'poste.

ENTREPRENDRE ne 'doit pas etre un phénomène de mode encore moins un système de "me too".

CELUI qui doit entreprendre devra avoir cette volonté intrèsseque et cet amour fou pour entreprendre ,sinon il bâtira sur du sable et il jettera l'éponge au premier défis.

ENTREPRENDRE NE DOIT PAS ÊTRE UNE ACTIVITÉ PAR DÉFAUT ,MAIS UNE ACTIVITÉ PRINCIPALE ET POUR LA VIE.

C'est la deuxieme condition pour prendre son elan vers le succes

VI-Quel est votre distinguo?

Chaque année le nombre de diplomés dans chaque domaine se deculpe .Nous sommes tous sans ignorés du nombre d'informaticiens ,de commerciaux ,de comptables,juristes, etc....

Si vous prenez chacun dans son domaine ,il a certainement une bonne maitrise .Du coup la selection sur le marché de l'emploi qui d'ailleurs se fait rare ,devient rude .Les conditions de selection varient d'un employeur à un autre .Mais comment pouvez vous faire la difference ? C'est à cette question que vous devez repondre.

Aujourd'hui peu de diplomés investissent en eux pendant et après leur formation .Il se fient en general seulement à ce que le formateur et/ou l'etablissement d'acceuil leur propose .

Un element essentiel leur echappe très souvent "LE DISTINGUO" .Chaque diplomé doit avoir un element qui lui differencierait, qui lui serait propre et qu'il aurait

developpé et provoqué en lui meme.Chaque personne doit developper en lui d'autres qualités et connaissances en plus de ses acquis. Considerez ce que vous avez comme LE GATEAU ET CHERCHEZ A Y METTRE LA CERISE .

Vous avez besoin d'investir en votre QUOTIENT EMOTIONNEL (QE) ,en developpant une ATTIUDE MENTALE POSITIVE, et ceux par des excercices pratiques dans un club ,un cabinet ,une institution etc..

SI VOUS EN AVEZ CONTINUEZ A LE DEVELOPPER AUTANT QUE POSSIBLE ,SI CE N'EST PAS LE CAS LAISSEZ MOI VOUS DIRE QUE VOUS NE PERDEZ RIEN A EN TROUVER.

La difference entre deux employés aujourd'hui ne se joue plus sur les diplomes ,mais plutot sur les DISTINGUO

VOTRE DISTINGUO peut etre: VOS DIFFERENTES EXPERIENCES ,VOS DIFFERENTES RECHERCHES,VOTRE ATTITUDE MENTALE POSITIVE...ETC , et tous ceci se resument en votre developpement personnel, secret de ceux qui reussissent.

Vous pouvez avoir comme DISTINGUO vos relations ,mais ne dit t-on pas selon le proverbe chinois et je cite ,qu'il est plus important d'apprendre un enfant à pecher ,que de lui donner du poisson? Lao Tseu

Alors commencez donc a trouver votre distinguo en vous et non en dehors de vous

c'est ainsi qu'il pourra mieux vous servir .

Votre distinguo pourrait être la création de votre boite ,pendant que votre promotionnel continue sur le syteme salarial.Développez le en fonction de votre vision.

VI-1-Etes vous pro-actif?

Les gens qui réussissent ont des habitudes, des comportements qui sont propices à cette réussite.

Aujourd'hui, voyons la proactivité. C'est un trait de personnalité clé pour provoquer la chance et le succès.

Alors qu'est-ce que la proactivité ?

D'après wikipédia, le terme proactif est un néologisme qui décrit une personne prenant en main la responsabilité de sa vie, plutôt que de rechercher des causes dans les circonstances ou les personnes extérieures.

Je suis tout à fait d'accord avec cette définition, c'est exactement ce que l'on cherche.

Tu t'es déjà fait la remarque "*Oui mais je ne fais pas ça, à cause de ceci...etc*". J'ai une mauvaise nouvelle. *NON ,Ce n'est pas à cause de ceci, c'est à cause de TOI-*

MÊME ! TU es ton propre adversaire, et ton manque de motivation, ta faculté à te trouver des excuses ne t'emmènera nulle part!

Se prendre en main, se sortir les doigts du c** comme dirait quelqu'un, c'est ça la clé! Tu veux devenir riche? Ah, tu ne viens pas d'une famille riche alors tu ne pourra pas... Tu veux être ton propre patron, monter ta boîte? Ah, tu as une famille, tu ne peux pas...

Tu veux aller aborder cette inconnue, mais elle a un livre et elle semble occupée..ou bien elle est concentrée sur son portable...

Tant pis, d'autres personnes, elles, pourront et ne se gêneront pas.

Cesse de te trouver une excuse : AGIS.

J'essaye moi-même d'éviter de trouver des excuses, dès que je ne fais pas telle chose je me dis : ça ne dépendait que de moi, et non pas de l'excuse bidon que j'ai pu me trouver. Pourquoi nous trouvons des échappatoires comme ça?

Je pense que notre égo n'accepte pas qu'on ait peur d'agir, et donc notre cerveau trouve quelque chose pour qu'on ne se dévalorise pas. Mine de rien, en agissant comme ça certes nous ne rencontrerons pas d'échecs (forcément pour subir un échec, il faut d'abord avoir entrepris quelque chose), mais nous n'irons jamais loin.

Et nous en viendront à nous sous-estimer, à ne plus avoir confiance en nous. Et

pourquoi? Simplement car nous n'auront rien fait dans notre vie.

Prends-toi en main!

Tu n'aura pas quelqu'un pour te dire de faire telle chose, c'est à TOI de le faire et n'oublies pas que tu le fais pour TOI !

Alors où en es-tu de tes objectifs? As-tu accompli quelque chose? Si oui c'est bien. Si non, alors commence !!

Agir c'est créer des conditions favorables au succès ,sans action ,il serait impossible de produire des resultats

C'est l'une des conditions pour prendre le nouvel élan vers la succès.

VII-La Question de l'argent

Pour ma part ,il n'existe pas deforfmule magique pour faire fortune ,mais le travail de coach peut orienter l'individu a comprendre la philosophie du succès par des attitudes et pensées gagnantes ,conseils et des orientations.

Si l'on respecte quelque principes fondamentaux,il pourrait prendre son elan vers le succès.

VII-1-L'argent :Où en trouver?

L'argent est partout la ou vivent des hommes.

En effet là ou vivent des Hommes ,il ya des besoins latents et des besoins cachés.Ces besoins en realité c'est de l'argent .

L'argent se trouve là ou vous le trouver,vous pouvez selon votre culture et education penser qu'il ya des endroits propices a la reussite et d'autres non,mais cela n'est pas un therème divin.En fonction de votre attitude et pensée gagnante ,vous pouvez vous de l'argent ou que vous vous trouvez ou que vous soyez.

C'est la difference entre les vainqueurs et les perdants.

VII-2-L'argent et le Service

Nul n'ignore l'importance de l'argent .Cepndant peu sont ceux qui savent s'en procurer.Nombreux sont ceux qui en cherchent et poutant ceux qui pensent service avant l'argent se comptent du bout des doigts.

En réalité l'argent et service sont etroitement liés .Autremnt dit l'on ne poura jamais avoir del'argent si il ne s'atele pas a resoudre un probleme .Prenons un exemple très simple :Vous êtes recrutés aujourd'hui par un employeur;il vous recrute en amont grace a votre diplome ou votre experience et connaissances.Cepndant vous ne resterez pas chez vous a domicile pour qu'il vous verse une motivation chaque

mois.En aval Vous aurez un second travail :les resultats,vous devez prouver que vous justifiez pleinement votre diplome.Retenez bien que si votre travail n'est pas concluant ,soit vous êtes renvoyés ou votre motivation change et bien sûr pas en votre faveur.

Ici le service que vous rendez est le travail que vous abattez ,la recompense est la motivation qu'il vous verse selon le contrat.Lorsque vous rendez service a quelqu'un ,la recompense immediate est le mot "merci" .L'argent n'est rein d'autre que la materialisation du mot merci.

Cher Leader et futur leader ,si vous voulez avoir de l'argent commencez par chercher le mot merci par un travail bien fait,un service bien fait.Si vous mettez l'argent avant tout vous n'en aurez jamais .

Comment pouriez vous y parvenir?
Je crois que nous disposons tous chacun d'une connaissance dont nous pouvons user pour parfaire le quotidien des personnes .Pensez y! quel service pouvez vous rendre aujourd'hui?.Ce service n'a pas forcement besoin d'etre en fonction de ce que vous avez appris ou etudié.Souvenez vous que vouloir c'est pouvoir dans la limite des possibilités humaines.Parceque si vous avez comme projet marcher sur le soleil ,je doute fort que vous y parviendrez.

Chers amis qu'est ce que j'essaie de vous dire ,tout simplement que l'argent et service sont etroitement liés.Si vous ne rendez pas service vous n'aurez jamais l'argent.Alors commencez dès maintenant a faire valoir votre talent .

Cin2e ,*L'esprit au service du developpement*
cin2e.over-blog.com-info.cin2e@gmail.com

Rendre service pour ma part c'est trouver une solution au probleme des autres .Les pauvres comme des riches ont des besoins et problèmes,et vous pouvez leur monnayer votre savoir faire et c'est en ce sens qu'on parlera de créativité, d'inovation. Retenez qu'aucune entreprise n'existe sans pouvoir répondre a un besoin des populations.Toute entreprises est la reponse a un besoin précis.

VII-3-L'argent,Comment y accéder?:Les Croyances

Tout le monde aspire à une indépendance financière ,et la jeunesse n'est pas à épargner .Mais que faisons nous pour y parvenir et pourquoi ne parvenons nous pas ?

Tout simplement parceque nous sommes encore conditionnés par des croyances (pensées,attitudes,comportements)qui retardent notre indépendance financière.

Ce que je voudrais dire c'est tout simplement que nous ne pouvons jamais parvenir à l'indépendance financiere ,si nous ne nous debarrassons pas d'un certains nombre de croyances.

J'appelle croyance ,tout ce qui donne une direction à notre vie ,c'est à dire que nous nous agissons en fonction de ce que nous croyons etre vraie pour produire des resultats qui justifieront cette croyance.

Autrement dit une pensée est vraie lorsque vous la croyez vraie, elle est fausse lorsque vous la croyez fausse et cela determine votre vie;il s'agit de quelque chose qui

est lié a votre pensée et conditionne vos actions.

Lorsque vous pensez par exemple qu'il vous faut forcement etre admis a un concours ,sinon vous ne pourrez jamais reussir dans votre vie :il s'agit d'une croyance

Quand vous pensez que d'autres personnes peuvent reussir, et vous non ,c'est aussi une croyance .

Si vous pensez que vous n'etes pas capables de creer et gerer une entreprise :ils 'agit aussi d'une croyance .etc...

Certaines personnes ont tendance tres souvent à assigner le theme croyance a un credo religieux ou a une doctrine politique.Une fois lors de mes conférences ,parlant de croyance ,un participant a pris la parole en disant "nos religions n'ont rien a voir avec avec notre reussite comme notre echec".

Il est donc important pour moi de vous faire partager la notion de croyance non pas dans son sens strict mais dans un sens plus large .

Croyance vient du verbe" croire " croire c'est tenir pour vrai ,accepter entierement sans examen ,ni critique une propostion ou des paroles .Religieusement parlant ,on dira c'est avoir la foi.Or la foi comme le disait quelqu'un ,c'est une ferme assurance qu'on a d'une chose .La croyance ,c'est le fait donc d'accepter une proposition ,une parole comme vraie.C'est ce que l'on croit ,ce a quoi on adhere .La foi est donc liée a la croyance.

Vous convenez avec moi que ce a quoi on adhere guide notre vie puisque nous agissons en fonction de cela .Lorsque vous adherez a un groupe ,vous agissez selon les principes ,les gouts sinon selon la philosophie de ce groupe .

C'est en ce sens que Carlos Devis disait que la croyance ,c'est ce qui donne une direction a notre vie .Par exemple lorsque vous acceptez une pensée comme vrai ,vous agissez en fonction de cela et vous posez des actes toujours pour justifier l'exactitude de cette pensée.Vous et moi avons des croyances et nous agissons en fonction de cela et c'est ce qui détermine notre succès et echec.

Ce que vous devez comprendre ,c'est que lorsque vous acceptez une pensée ,une idée comme vraie ,vous concevez une croyance et donc vous développez une foi sinon une ferme conviction de l'exactitude de la pensée et de manière inconsciente ,vous produisez les résultats .Voila pourquoi vous devez faire attention a vos croyances ,a tout ce que vous entendez .

Le fait que vous croyez aujourd'hui qu'il faut forcement avoir un budget élevé avant d'entreprendre ,vous maintient toujours là dans une zone dite confort.
Le fait que vous ayez accepté la fonction publique comme condition cinequa num de réussite ,vous maintient toujours là et vous permet de trouver des résultats comme quoi "ya pas travail".

C'est le fait de décider qu'une chose est vraie qui la rend vraie , c'est ainsi que fonctionnent nos croyances .Vos croyances sont des" prophéties"auto accomplies comme certains coach l'expriment .Cela signifie que quand nous sommes persuadés

que quelque chose va arriver ,nous faisons tout le nécessaire pour que cela soit vrai.

Si nous considérons l'exemple pour celui qui pense que les gens sont mauvais ,il émettra des quantités de micro message négatifs ,agira en fonction de cette attente et l'on peut considérer vraisemblablement ,l'environnement lui donnera raison.Tout autant que s'il avait pensé le contraire .

Voici une liste de quelques croyances :

-j'ai du mal a trouver du boulot parce que je n'ai pas de relations.

-je ne peux pas travailler parce que je n'ai pas de diplôme

-Si tu ne payes pas de l'argent tu ne pas réussir a un concours

-les autres ont de la chance que moi

-je ne suis pas la personne idéale pour occuper ce poste

-je ne peux pas avoir cette femme parce qu'elle est plus belle que moi

-je suis issu d'une famille pauvre donc je ne peux pas ....

-Les gens réussissent plus en Europe qu'ici

etc.....

Chacun de nous a ces croyances et ces croyances déterminent sa réussite comme son succès.

Vous devez donc changer d'attitude ,si vous voulez vraiment que ça change , débarrassez vous de certaines croyances .Pour ce faire commencez par savoir ce que vous voulez dans la vie et fixez vos objectifs en fonction de cela.

Il existe des méthodes pour vous débarrassez de certaines croyances qui vous détruisent sans que vous ne le sachiez.

Vous devez finalement comprendre que les problemes se trouvent dans l'attitude et donc il est important que vous changiez d'attitude ,car le plus souvent ce que nous appelons problemes n'est pas en réalité un problème ,mais c'est notre façon de voir bien sur selon nos croyances que nous jugeons .

En effet la jeunesse pourrait parvenir a l'independance financiere ,en commencant de prime abord par un changement de mentalité ,une prise de conscience .Quand la jeunesse comprendra qu'elle est responsable de sa vie et de sa reussite ,ce serait deja un grand pas pour commencer dejà a prendre les choses en main …

Elle devra également comprendre que tant qu'elle ne se levera pas pour OSER et AGIR,elle vivra toujours dans la disette.

Nous devons commencer a etre des createurs de richesse et non des personnes qui cherchent à avoir des salaires ,des bureaux.Certes en etant salarié il ya des avantages ,mais qu'en sera t-il pour les générations a venir ,c'est pourquoi je parle d'etre créateur de richesse,parceque quand vous devenez créateur de richesse ,vous commencez a penser en terme de génération et donc vous créez des biens et des services qui servent a l'humanité.

Thomas Edison fut un créateur de richesse, grace a lui aujourd'hui vous et moi bénéficions de la lampe et plusieurs d'autres milliers d'invention a son actif.

La jeunesse doit donc eviter desormais la seconde hymne nationale des jeunes diplomés "ya pas travail"

Et c'est parcequ'ils pensent qu'il "n'ya pas travail "qu'ils n'en trouvent pas sinon ,il suffit de vouloir et d'agir pour que vous travailliez ,non pas pour quelqu'un mais pour vous meme.Nombreux sont ceux qui sont partis de rien pour devenir grand aujourd'hui.Comme LAO TSEU le dit"le voyage de mille chemins commence par un pas "

Faites le premier pas aujourd'hui et le reste suivra.

VII-4- L'argent,comment y acceder?:Volonté et actions

La seule voie pour être sur qu'on échouera pas ,c'est de chercher a faire quelque chose .Car comme le disait quelqu'un "mieux vaut essayer et échouer que de ne jamais rien faire" .Mais comme l'Échec n'existe pas chez les leaders c'est a dire, ceux qui ont compris le secret de la réussite,alors vous comprendrez que vous réussirez .

Je voudrais en toute sincérité ,interpeller la jeunesse en quête d'emploi et en age de travailler que ce n'est pas ce que nous voulons qui s'accomplira ,mais c'est ce que nous aurons nourri,entretenu en nous durant des années qui se réalisera.

Vous pouvez passer toute une vie à vouloir quelque chose ,mais la volonté seule ne suffira pas ,il va falloir que vous associez l'action. Si la volonté seule suffisait ,vous serez déjà le docteur dont vous avez rêvez être,vous aurez déjà eu la femme de votre rêve,la voiture de votre rêve ,vous serez déjà chez vous etc...

Vous avez longtemps dit je veux être.....mais les années passent et vous êtes toujours au statu quo .C'est que vous devez changer votre manière de faire les choses ,sinon il vous faut changer le" quoi" en générale qui est la fonction publique pour ce que j'appelle "la conception majoritaire".

Le quoi c'est l'objectif que vous avez voulu atteindre(être instituteur,docteur,professeur etc...) durant des années pour être indépendant ,c'est a dire travailler a la fonction publique pour la plupart des jeunes diplômés.

Mais sachant que tout le monde ne peut y travailler ,est ce a dire que si cela ne marchait pas vous n'allez plus rien faire dans votre vie?C'est dans ce sens que je vous interpelle .Il nous faut rapidement gagner en temps comme on le dit,sinon ça ne sera pas évident que nous soyons au rendez vous du 3èm millénaire.

La bonne nouvelle aujourd'hui est que vous pouvez changer ce" quoi" pour être heureux ,plus heureux que vous ne l'avez jamais pensé.

Alors vous pouvez changer "le quoi et le comment" pour être indépendant.Albert Einstein disait a ce propos ,"la folie c'est de faire toujours la même chose et de se retrouver à un résultat différent".

CHANGEZ DONC DE QUOI ,JEUNES DU MONDE ENTIER SINON LES RÉSULTATS NE CHANGERONT JAMAIS .Nous sommes à une période à laquelle ce qui fut un succès hier ,ne peut pas être évident aujourd'hui.

Vous pouvez des maintenant changer votre vie et faire partie de ceux qui réussissent dans la vie.

Nous vous invitons donc a un changement d'état d'esprit ce qui occasionnera la prise de conscience .La prise de conscience dont je parle ,est de comprendre que tous pouvons partir de rien pour devenir ce que nous voulons demain. Des grands hommes de ce monde l'ont deja prouvé(THOMAS EDISON,MICHAEL JORDAN,MARTIN LUTHER KING,MERE THERESA etc...).

Detachez vous desormais de la conception selon laquelle ,la fonction publique est le passage sûr pour avoir des revenus surs et securisés.Il ne suffit pas d'amasser de l'argent ,mais aussi il faut en creer: il faut être createur de richesse.

Pour être createur de richesse nous devons chercher dès maintenant a entreprendre,commencer par chercher une idée d'entreprise ;il ya pas mal de petite chose qui puissent vous rapporter beaucoup,faites le premier pas et le reste suivra.
Vous avez tout ce qu'il faut pour reussir:tout est en vous .L'Homme dispose d'un puissant don de l'imagination,et avec cela il peut tout faire.

VII-5-L'argent ,comment y accéder?:Une opportunité en nous!

Je voudrais vous dire en ce moment précis qu'il ya une grande opportunité pour vous que vous pouvez saisir et devenir celui que vous aviez rêvé longtemps être .
Je voudrais tout simplement vous inviter a découvrir qui vous êtes réellement. Et oui

de cette opportunité dont il est question .Cela vous surprend t'il ?

Continuez de me lire et vous saurez réellement qu'il s'agit vraiment d'une opportunité , la base de tout succès ,de toute réussite .

Et bien de quoi est il question ? Il s'agit de l'opportunité que vous disposez encore de plus grand en vous.Vous avez voulu la mettre a la disposition d'une entreprise ,mais cela a été refusé.Je veux vous dire qu'il n'ont pas vu cette valeur que vous aviez ,ils vous ont rejetés en se basant sur le superficiel ,sur ce qu'il voit.Cette opportunité vous l'avez déjà mais c'est peut être l'utilisation que vous et moi avons d'elle qui met la différence :Il s'agit de la matière grise de l'Homme (cerveau) ;C'EST LA PLUS GRANDE OPPORTINUTE DONT vous ET moi DISPOSONS.

Si vous avez déposé un jour un cv ,c'est bien évidement parce que vous aviez conçu cela dans votre pensée et par la suite vous l'avez matérialisé.
Je voudrais juste vous dire que toute création ,toute invention fut de prime a bord une pensée ,un rêve et puis une matérialisation.

Avez vous pensé durant ces moments de refus de vos demandes d'emplois que vous pouviez concevoir une idée qui a la possibilité de vous procurer le bonheur ?

Je veux vous inviter a essayer .Assoyez vous et réfléchissez ,trouvez vous une idée de création d'entreprise et osez .Je ne vous demande pas de réfléchir sur des idées de millions et de milliards, ce qui pourrait hypothéquer pour un début la réalisation de votre projet.

Regardez autour de vous ,il ya plein de petites activités qui puissent vous permettre de franchir une première étape,ensuite une seconde ,une troisième ainsi de suite.

Allez y essayez et vous verrez, cela pourait être la possibilité pour vous pour que vous reçeviez aussi des cv.

Ce qui me plait c'est que cette matière il suffit que tu la mette en marche selon vos envies elle vous sert de façon extraordinaire et divine,et c'est en ce moment que vous saurez que vous disposez d'une très grande opportunité.

Si vous avez de l'or que vous ne savez pas que c'est de l'or que vous disposez ,c'est normal que vous ne puissiez pas jouir de cela.

Mettez vous en réflexion et chercher ,chercher sans relâche et vous trouverez.

Quand j'étais au lycée ,on me disais" cherche, trouve et jamais n'abandonne".Le simple fait que vous n'abandonnez pas fera de vous un leader.

Alors n'abandonnez pas sinon ,il vous serait difficile d'accedez à l'indépendance financière.

CHANGEZ DONC DES AUJOURD'HUI VOTRE CHAMP DE VISION.NOUS SOMMES TOUS PAREILS CE QUI MET LA DIFFÉRENCE C'EST NOS DIFFÉRENTES MANIÈRES DE VOIR,D'ANALYSER ET DE JUGER SELON NOS "CARTES DU MONDE" QUI PRODUISENT NOS DIFFÉRENTS RÉSULTATS.

VOUS MÉRITEZ DONC MIEUX QUE CE QUE VOUS VISEZ AVEC LE CV.

VII-6-L'Argent ,comment y accéder?:La peur

Quand vous agissez ,vous tuez la peur !
Nombreux sont ceux qui, hier comme aujourd'hui sont restés dans leur zone dite confort pour des raisons de peur.

Vous et moi avions éprouvés une fois dans notre vie la peur, de : échouer, parler en public, mettre sur pied un projet, paraitre ridicule, paraitre insensé, être rejeté, être refusé, perdre etc...

Cette peur est tout a fait normale étant donné que nous sommes dotés d'une substance pensante .Mais quand cette peur devient répétée et chronique ,alors c'est qu'elle est sans doute liée a tout ce que nous avons vécus ,entendus et vus .certaines croyances et doctrines sont a la bases de nos peurs.Les croyants chrétiens diront que quand la peur devient très récurrente , cela devient une offense a Dieu ,car la peur c'est l'absence de la foi. Celui qui développe donc la peur, perd la foi et n'est donc pas en adéquation avec Dieu.

Les scientifiques ont paraphrasé pour dire que PEUR=1/FOI =FOI^{-1} .La peur est donc l'inverse de la foi.

Cette peur a fait de vous des personnes limitées et parfois incapables de bénéficier de plein droit ce qui vous appartient.

La question que je voudrais poser est de savoir, jusque a quand laisserez vous encore cette peur vous dominer, vous envahir afin de vous détruire. Sinon jusque a quand commencerez vous a agir ?

Ce dont je voudrais vous faire partager ,c'est que l'action tue la peur .Si vous avez encore peur de mettre sur pied votre projet ,de parler en public ,de démarrer une affaire ,d' arrêter celle que vous aimez ,c'est parce que vous n'agissez pas encore .La peur ne consiste pas a fuir ses responsabilités ,mais a les affronter .La meilleure manière de vaincre la peur ,c'est de continuer a faire ce qui fait peur .Autrement dit la peur est inoffensive sauf si elle vous domine .

L e fait que vous agissiez va détruire la peur pour produire des résultats .Et oui ! l'action produit des résultats, sans actions vous convenez avec moi qu'il serait difficile pour vous d'obtenir des résultats ; les récompenses ont toujours été les fruits de vos actions et efforts.

Mon intention en partageant cet ecrit avec vous est de vous interpeller a une véritable prise de conscience sur ce qu'est la peur et son effet nuisible lorsqu'elle n'est pas vaincue. Je choisi donc de vous inciter à agir, à provoquer votre chance, votre réussite voire votre bonheur.

Êtes-vous prêts à le faire ? Dans tous les cas vous n'avez pas le choix, vous devez

absolument finir avec la peur .Cela ne coute rien, il vous suffit dès maintenant d'agir, oui osez et agissez maintenant avec une foi inébranlable, car vous ne pourrez vaincre la peur que par l'action. Vous avez tout ce qu'il faut, levez -vous et foncez.

VII-7-L'argent ,comment y accéder?: La responsabilité et la négativité

Pendant combien de temps continuerez vous a remettre vos erreur s sur les autres, à accuser les autres ET à vous mettre en situation de victime ?

La pire des erreurs que l'on puisse faire c'est de ne jamais prendre ses responsabilités.

Ceux qui refusent de prendre leur responsabilité dans la vie ne sont pas loin d'être atteints de la NEGATIVITE : une maladie qui sévit et qui détruit .Le problème c'est que le porteur de la maladie ne sait qu'il est atteint :il est donc dans l'ignorance ,la mère de tous les revers .
Aujourd'hui le manque de responsabilité est le résultat de la majorité de nos problèmes, de nos difficultés et du manque etc. ...

Prendre ses responsabilités consiste à développer ses capacités intellectuelles, professionnelles, émotionnelles etc.... à faire face à un problème devant une situation donnée.

Généralement, nous refusons de le faire en trouvant toujours des excuses, des raisons

derrière lesquelles on se cache .Parmi ces excuses nous pouvons citer le manque de confiance en soi, l'absence de volonté ,la perfection etc…

Le premier cité nous empêche de nous affirmer, le second nous empêche d'agir et le dernier nous empêche d'agir dans l'immédiat, et de remettre toujours a demain ce que nous avons à faire aujourd'hui, nous attendons de voir les choses comme nous le voulons avant de nous mettre a l'œuvre.

Tous ces éléments cités nous empêche de nous réaliser et nous traine toujours dans un environnement incertain, impropice a la réussite.

Alors la question que je voudrais poser : est la suivante quand avez-vous choisi de changer le fusil d'épaule ? Sinon quand avez-vous choisi pour vous rendre responsable, pour faire face a ce qui vous empêche de réussir?

Ce jour sera pour vous d'une utilité capitale, car ce sera le début d'une histoire que toute l'humanité attendait depuis longtemps et qu'elle va retenir dans l'histoire de la réussite, de la prospérité. Vous êtes plus responsable que vous ne le penser, il vous suffit juste de prendre conscience de cet état de fait et le reste viendra seul.

Quand vous aurez pris cette conscience, vous serez désormais des personnes épanouies, objectives, proactives, des vainqueurs et vous pourrez désormais être des leaders dans votre environnement, et vous vous serez débarrassé de la négativité.

Le vendeur professionnel RICHARD DENNY dans son œuvre vendre c'est simple a parlé de la négativité.

Une personne qui est atteinte de la négativité est en quelque sorte négative. Pour reconnaitre les personnes négatives vous devez contrôler leur vocabulaire, leur manière de voir, de juger. Elles ont un vocabulaire négatif, elles passent leur temps à accuser les autres pour ce qui leur arrive, elles voient en toutes situations les conséquences au lieu de voir les avantages que cela pourraient leur procurer, elles pensent à elles seules ,là ou il ya le bonheur ,elles voient le malheur ,ces personnes n'encouragent jamais ,elles font toujours l'effort de retenir les autres dans leur zone dite confort ;elles ne font rien mais font tout pour décourager ceux qui veulent avancer.

Vous devez pouvoir donc vous débarrasser de ces personnes car la négativité contamine ceux qui fréquentent les négatifs.
Vous devez avoir un vocabulaire de leader, de gagneur pour vous distinguer des autres.

Le but de cet ecrit est de vous interpeller que le manque de responsabilité détruit et est aussi à la base de vos situations actuelles dites « galère».
Si voulez donc que ca change, vous devez dès aujourd'hui prendre un nouvel élan en décidant désormais de développer votre sens de responsabilité.

Vous venez de découvrir les principes d'accession a l'argent ,il vous faut maintenant adopter afin qu'ils puissent vous changer .

VIII-Vous êtes le décideur

VOUS ETES LE DÉCIDEUR ! Quelqu'un disait que l'opinion la plus importante que l'on puisse avoir est celle qu'on a de soi même.......encore plus loin il disait vous pouvez faire des erreurs, mais vous n'êtes pas une erreur. Je souscris d'avis a cette pensée et je rencherie pour dire que tel nous pensons être ,nous le sommes. Les opinions des autres n'ont en réalité aucun pouvoir sur nous a condition que nous l'acceptions comme tel. Continuez de demeurer vous même dans le bon sens,développez votre force de caractère et soyez en tendème avec votre but.Ne laissez personnes pour rien au monde débité votre quotient emmotioinnel(QE). Choisissez des amis qui partagent votre vision ,en mathématique on dira des éléments qui appartiennent au même Df. Débarrassez vous des intruis,des personnes négatives car il vous enfonceront sans que vous ne vous rendiez compte. Retenez ceci:Vous avez Une obligation, celle de rester positif et objectif ,Un devoir celui de rendre les autres heureux et Un droit celui de réussir . Dieu n'acceptera pas votre échec. Commencez maintenant et vous aurez les chances possibles.

Vous venez découvrir des choses que vous connaissez déjà ,mais auquelle vous n'y aviez pas certainement pensé.

Décidez aujourd'hui d'adopter afin d'y parvenir .

Rien ne pourra vous empecher de prendre un nouvel elan.

Pour mieux prendre votre élan je vous propose un ensemble d'attitude et pensée de Leader (ADL et PDL)sous forme de citation.

Attitude et Pensée de Leader

1"*Vous avez une obligation,celle de satisfaire les autres,un devoir celui de rester positif et objectif et un droit celui de réussir*"

2."*Agissez toujours selon vos principes qui caractérisent vos buts.*"

3."*Votre vision sera grande en fonction de la vision que vous lui donnerez, Ne sous estimez jamais votre vision*"

4."*Soyez vous même et vous verez que vous êtes plein de talents, Le fait de trop copier sur les autres tue votre personnalité.*"

5."*Stimulez- vous vous même par de parole positive et plein de bon sens.*"

6."*Efforcez vous chaque jour que Dieu fait de rendre service et vous serez servi vous aussi.*"

7."*J'aime ce que je fais et toute mon âme se réjouis quand j'entends entrepreneuriat.entrepreneuriat Ne faites jamais ce que vous n'aimez pas comme travail. Vous ne serez pas épanouie. C'est sûr Leader.*"

8."*J'aime un langage ,celui de l'amour et de la non violence ,marque des vainqueurs.*"

9. *"Chaque fois qu'il te viendra en tête d'abandonner, répète cette phrase.Ce sont les lâches qui abandonnent et moi je ne suis pas un lâche."*
http://cin2e.over-blog.com

10. *"Entreprendre ,c'est prendre plusieurs risques.-le risque d'échouer-le risque de paraitre insensé-le risque de ne plus avoir d'ami-le risque de perdre sa compagne-le risque d'être rejeté par sa famille-le risque d'être moqué......C'est tout un tas d'épreuve et de défis mes amis .Rassurez vous que vous êtes prêts avant de décoller."*
http://cin2e.over-blog.com

11. *"Si vous doutez de vous même, ne soyez pas surpris d'être considéré comme un doute."*

12. *"Si vous attendez l'avis des autres avant d'agir ,il se pourrait que vous n'agissiez jamais,ou que vous ne preniez jamais de bonnes decisions;*
Prenez des initiatives et agissez .Les autres ne vous donnerons toujours pas la reponse attendue."
http://cin2e.over-blog.com

13. *"Nos différences font la richesse en entreprise,Essayez toujours de voir les choses de la bonne façon"*
http://cin2e.over-blog.com

14. *"Soyez rigoureux envers vous même avant de l'être envers les autres .*
Car vous êtes le premier maître de votre vision après Dieu."

15.*"Vous devrez avoir un engagement envers vous même chaque jour .Efforcez vous de les satisfaire! "*

http://cin2e.over-blog.com

L'elan dont je voudrais que vous preniez est mental avant d'être physique.Vous devez comprendre la notion des signes actuels de l'auto emplois ,la philosophie actuelle du succès .

Ensuite comprendre la notion de l'argent avant de pouvoir y accéder.
Votre conception par rapport a l'argent ,votre vision des choses ,votre attitude ,votre pensée doit changer afin de matérialiser votre succès.

Le nouvel élan consiste donc a adopter une attitude et pensée de leader .
Votre elan determinera votre succès.

LE SUCCÈS ET SES PRINCIPES

I- Le succès :Une prise de conscience

Naître, grandir ,et trouver des conditions pour se responsabiliser est un véritable processus. Si D'autres y parviennent,il en est pas de même pour certains.
Les raisons ne sont pas liées a l'intelligence ou encore au diplôme........

L'achèvement de ce processus commence par une prise de conscience objective .Quand nous prenons conscience que nous devons et pouvons réussir et que personnes n'est prédestiné a l'échec tout comme au succès,automatiquement nous stimulons en nous le désir d'être a la hauteur.

Cher leader ,je ne vous apprend rien .Je ne fais que vous rappeler des choses que vous savez déjà.

Retenez ceci:La réussite élit domicile chez ceux qui l'accueillent.
Avez vous pensé a l'accueillir,sinon êtes vous prêt a le faire ?

Commencez le des maintenant en vous inculquant un état d'esprit constructif par la lecture d'articles gratuits sur http://cin2e.over-blog.com .De façon gratuite vous

pouvez vous abonner pour recevoir gratuitement les article pour booster votre foi vers l'entrepreneuriat ,l'une des règles de l'autonomie financière.

II-Relever les Défis

Chaque matin a mon réveil ,il y'a un petit quelque chose qui me motive :Les DEFIS,il y en a toujours quand l'on a des objectifs et une vision.Je sais que je n'ai pas droit a l'échec mais a des essais ;et oui a plusieurs essais comme EDISSON jusqu'à ce qu'il réussisse l'ampoule.

Quand j'y pense j'en suis motivé encore et encore ,c'est donc l'essence même de mon existence: Relever les DÉFIS jusqu'à bâtir ma VISION.

Vous devez absolument faire face a des défis dans le processus de quête de l'autonomie financière. Ces défis doivent être considéré par celui qui aspire a un résultat comme un stimulateur d'énergie, une raison de plus pour augmenter son aspiration .

Tous ceux qui y sont parvenus ont vu les problèmes comme les défis a relever.Chez le leader ,il n'y a pas d'obstacles,en realité il n'y a que des défis.

III-Never give Up !

Il est parfois difficile d'accepter le futur quand le présent ne se déroule pas comme nous le voulons.

Comme on le dit:c'est dur, j'arrive pas a payer mon loyer ,mes factures, ma communication,ma carte de bus ,et voilà la liste est longue.
Quelqu'un disait que nous sommes là aujoiurd'hui où nos pensées d'hier nous ont entrainé.Même si cette assertion n'est qu'une simple pensée ,mais elle puise son essence dans une certaine logique de nos vécus passés.

Qu'est ce que j'essaie de vous expliquer ,tout simplement que votre présent d'aujourd'hui fut votre futur d'hier.Mais revenez en arrière ,je ne sais pas mais 1,2,3,4,5,6...10 ans par exemple et faites une véritable analyse de vos vécus ,vos pensées ,vos actions etc....

Cher amis lecteurs ,si vous le faite et vous essayez d'etre sincères envers vous même vous comprendrez que vous avez une part de responsabilité dans votre présent actuel et que vous êtes l'élément clé du changement .

Cela pourrait vous parraitre absurde,mais laissez moi vous dire que vos choix en générale viennent de vous ,même si, ils sont souvent influencé par votre environnement (Parents, conjoint(e),amis,collègues,revue, journaux...etc).Personne ne vous ai imposée un choix que vous ne vouliez pas.

Je sais qu'il est possible durant notre enfance que nos parents aient influencé nos decisions.,mais la bonne nouvelle est que vous savez maintenant que vos choix dependent de vous même et pouvez prendre la décision dès aujourd'hui pour parfaire votre futur afin d'être un professionel libre.

J'ai réalise au cour de ces 10 dernières années que le vrai travail est celui qui passionne.MEME SI PARLA FORCE DES CHOSES CERTAINS ONT OPTÉ POUR DES BOULOTS PAR DEFAUT.Ils arrivent certes à payer les factures ,a épanouir les familles ,mais il y'a quelque chose au dedans d'eux dont ils emprisonnent durant toute une existence.Ces personnes constateront une aliénation interne ,psychologique,il trouveront le travail comme une corvée,il auront des retards injustifiés a leur poste,parfois nerveuses.C'est ce que j'appelle un emprisonnent professionnel.

La véritable question que je voudrais poser est la suivante : Êtes vous réellement à l'endroit où vous auriez voulu être ?

Je m'attend bien évidement a un OUI où à un NON.
Dans le premier cas n'abandonnez pas ,continuez à pousser ,l'accouchement se fera avec des douleurs certes ,mais il ne sera pas impossible.

Dans le second cas ,soit vous faites une reconversion professionnelle en adoptant l'endroit actuel,ou soit vous y demeurez sans toutefois oublier votre but de la vie.Retenez que lorsque la cible est détectée ,les moyens pour l'atteindre pourraient être plusieurs.

N'abandonnez pas pour abandonner, mais abandonnez pour donner le meilleur de vous même.

IV- Le succès et La connaissance

MON PEUPLE MEURT PAR MANQUE DE CONNAISSANCE"si cette Citation biblIQUE est juste , nous pouvons toute suite comprendre nos nombreuses plaintes ,nos desarois , nos menaces parfois même quand c'est un petit probleme.Que ce passe-t-il?

La jeunesse est certainement arrivee en dernière position sur le chemin très impressionnant de l'evolution?

Mais ne dit-on pas assez qu'il n'y a pas de developpement sans conscience de developpement? Voila de mon point de vue tout le grand malaise de notre Jeunesse. Le manque de connaissance est egal à l'ignorance et l'ignorance est egal à la pauvreté car la théorie mathematique est très clair: $0+0+0+0+0+\ldots\ldots\ldots=0$ .donc lorsque nous sommes ignorants c'est-à-dire zéro nous ne pouvons que donner un resultat obtenu à partir de toutes les sommes de zéro.

Cher lecteur tu viens de faire le choix de la connaissance c'est pour ça que tu est entrain de me lire.C'est pour quoi je voudrais que tu comprenne quelque chose.
La connaissance est primordial pour celui qui aspire a l'évolution et au succès .La connaissance élargie votre champ de vision, elle fait de vous des personnes

distinguées parmis plusieurs.

Il vous sera difficile de comprendre et de concevoir si vous n'en disposez pas.Considerez que votre monde represente une cible que vous devez conquerir et votre arme pour la conquerir ,c'est ce dont vous disposez comme puissance intellectuelle ,spirituelle,emmotionnelle, et j'en passe.

Quand je parle de connaissance ,ne faites pas allusion a votre connaissance unique dans votre domaine ,car cela ne suffit pas pour celui qui aspire a une indépendance professionelle.

Si les gens ont tendance a dire que le travail libère ,moi je me permet d'affirmer que la connaissance précède le travail ,par conséquent la connaissance libère l'homme.Car sans elle il ne serait possible a un être d'être utile voir incontournable pour une entreprise.

Dans notre développement un peu plus haut nous parlions de votre DISTINGUO,ce qui devrait marquer la différence positive entre vous et celui qui a la même connaissance de base que vous.

Aujourd'hui nous sommes des milliard de personnes a être des commerciaux ,des comptables,des informaticiens ,des juristes,des médecins etc....Voyez vous la liste est longue .Nous nous retrouvons du coup a une sorte de bataille qui ne fait point de cadeau au moins outillé. Vous devrez choisir d'être a la hauteur ,sinon vous serez au pied de l'échelle.

L'Homme doit toujours être en quête de connaissance pour parfaire son quotidien et preparer son futur.

Lorsque vous disposez certaine connaissance ,vous devenez incontournable ,vous devenez un homme résolu ,car vous agirez désormais au lieu de vous appitoyer sur vos problèmes.

Je pense donc que l'une des clés pour prendre le nouvel élan est la connaissance.
Si la jeunesse veut accéder sinon appartenir a la minorité de ceux qui réussissent, la recherche de la connaissance doit être l'un de leur credo.

V-Votre Crédo

Le credo c'est une croyance ,une loi,une foi,une certitude ...il y'a plusieurs sinonymes dont ceux ci.

En religion c'est le nom de la profession de foi chrétienne .

Je voudrais étendre cette définition dans la vie individuelle et quotidienne de tout leader.

La grande question que je voudrais poser bien avant est la suivante:

Qu'est ce qui caractérise et definie votre vision?

Dans notre nouvel élan vers le succès nous devons faire les choses autrement ,différemment et de façon à imposer notre vision a notre subconcient.

Voyez vous mes amis ,quand nous appartenons a une religion ,il y'a un credo propre a la communauté qui constitue une loi,une croyance qui donne une orientation a notre vie de religion et qui a un impact sur notre vie active.

Je crois qu'il en devrait être le cas pour vous qui avez décidé d'appartenir a la réligion de l'entrepreneuriat ,du leadership gage du developpement et de l'indépendance professionnelle et financière.
Eh oui je me permet de définir l'entrepreunariat comme une religion.Cela vous surprend t-il ?

Le monde de l'entrepreneuriat ne regorge t-il pas de principe ? Si vous n'appliquez pas les règles ne soyez pas surpris de faire choux blanc.

Moi j'ai considéré celui ci comme école et une religion voire meme une science .

Vous devez absolument avoir un credo qui définit votre vision,votre objectif et votre mission.Ce credo aiguisera votre conviction et déterminera vos actions ,il fera de vous des personnes de principes.

Quand on a un credo ,nos priorités se définissent elle même, nos choix également et voilà le gain de temps .

VI-Aiguisez -Vous!

Aiguiser c'est rendre quelque chose tranchant de force a pouvoir couper ,tailler un une matière. On dira très souvent aiguiser une machette,un couteau....

La remarque que nous faisons vous et moi est que quand une lame est aiguisée, elle coupe facilement l'objet cible.

Dans le contexte d'une guerre les combattants se preparent psychologique ment,physiquement ,techniquement,et spirituellement.
L'enjeu c'est de remporter la bataille .

Mes amis un proverbe ne dit il pas que qui veut aller loin prépare sa monture.?
Je crois pour ma part que ce proverbe est relatif a la préparation ,formation,coaching que l'individu a avant l'épreuve.En football, l'on parlera d'entrainement,en entreprise on parlera de stage ,de séminaire...

L'objectif visé est la performance ,et la performance est relative a la capacité de gérer les obstacles,de surmonter les épreuves ,de persévérer jusqu'à l'objectif final.
Cher lecteur ,si vous avez bien suivi mon développement,vous devrez normalement comprendre la définition de *aiguisez-vous.*

Nos développement pourraient vous paraitre utopique.Mais nous le prenons ainsi avec des images pour faciliter la compréhension .

Ce que vous devez retenir est tout simplement que l'aiguisement ici dans notre développement est relative a votre préparation intellectuelle, emotionnelle,psychologique ,spirituelle....

Vous ne pouvez pas prétendre aller en affaire et ne pas aiguiser (developper)votre personnalité.

Votre aiguisement,fera de vous une personne prête a affronter à relever les défis ,supporter les difficultés ,a résoudre les problèmes,car vous serez le seul maitre a bord du bateau que vous allez emprunter .

VII-Developpez votre champ de vision

Tous avons une manière de voir et de percevoir les choses. En generale cette manière de voir est liée a notre éducation ,a notre formation, et a nos croyances
Je voudrais vous faire partager quelque chose a ce niveau.

La première est que notre vision ne favorise, sinon ne concourt toujours pas a notre élan vers le succès quand elle est restreinte.

Dans ce cas de figure nous avons tendance a voir les choses dans un seul contexte et

dans une seule possibilité.

La vie c'est les sciences et en sciences il y'a des théories et ces theories quand bien même qu'elles ne s'énoncent pas de la même manière ,mais résolvent le même problème posé.Il en est de même dans nos vécus quotidiens. Celui qui n'ouvre pas son esprit et qui pense qu'il n'y a qu'une seule possibilité de résoudre les problèmes posés, il se donnera toujours des limites dans la resolution de ceux-ci.

Celui-ci verra toujours difficulté quand bien même qu'il y'a possibilité.Il verra échec quand il y'a succès, un verre a moitié plein il dira un verre a moitié vide.....
ùù

Ces personnes ne peuvent pas être des leaders,car difficile de prévoir, de planifier le futur de résoudre les problèmes.

Vous devez élargir votre champ de vision ,c'est une obligation ,je dirais même un devoir et cela ne se négocie pas ,si réellement le chemin du leadership vous dit.

La première chose laisse entrevoir la seconde ,un champ de vision vaste vous procure relaxation, autorité, capacité, force de vaincre et de negociation.Elle fait de vous des personnes résolues et plein de sens de responsabilité etc....

Cette personne voit toujours les choses sous un bon angle.Il voit le contraire de ce que la première personne voit.Il dirige ,décide et coordonne.

VIII-Soyez Objectif et non Subjectif

Qu'est-ce qui attire votre attention le plus souvent ?Vers quoi ,qui portez vous vos raisonnement ?Quels sont vos centres d'intérêt et les sujets qui vous préoccupe ?

La réponse à ces questions justifieront votre appartenance "jectif".

Être objectif c'est être réaliste, être collaboratif,c'est avoir des capacité de réflexion et de jugement qui concorde avec la réalité.C'est apporter des jugement positif ouvert et collectif sur un sujet ,une opinion.

La personne objective n'accorde pas d'importance au futilité, il a un principe de vie :faire les choses bonne et au bon moment et quand il le faut.Il est ouvert d'esprit ,il a de bonne pensée.Il est celui qui cherche toujours a bien faire ,il a le souci du résultat. La personne objective est proactive ,ces centres d'intérêt sont en rapport avec sa vision.

Elle pose les questions de ce genre:Quand,ou,comment ,pourquoi,....et attend des réponses claires et précises. Elle n'aime pas l'excusite.

Contrairement a la personne objective ,la subjective est loin d'être un ingrédient d'assaisonnement dans son propre épanouissement.

Ces caracteristiques sont contraires a celles du premier.

Elle est en générale atteinte de la négativité,et de l'excusite.Elle manque d'ambition et de principe de vie .Elle n'a pas de centre d'intérêt propre a sa vision puisqu'elle n'a pas de vision.Elle s'intéresse a tout débat non constructif.Elle parle de tout et de

rien ,elle fait tout sauf l'essentiel.

Une telle personne ,convenez avec moi qu'elle est loin d'être utile pour la société et pour elle même.

Le nouvel élan vous exige un divorce avec cet ami destructeur (la subjectivité).Dans la vie ,il y'a des choix ,et ces choix exigent des principes propres a leur manifestation. Vous devez dés aujourd'hui changer cet etat d'esprit pour espérer atteindre votre but.

IX-Sortez du milieu d'eux

Quand vous avez en projet de devenir professionellement et financièrement indépendant, vous devez alors créer votre environnement propre a vous.
Quand je 'parle d'environnement entendez par la vos choix d'amis.

Dans la vie vous rencontrer deux types de personnes;les positives et les négatives,ceux qui vous encouragerons en acceptant votre projet et vision,et ceux qui vous decouragerons en conseillant d'abandonner votre projet et vision.Ils vous traiteront même de fou.

Sortez du milieux de ceux ci.

Votre environnement doit comporter les personnes qui vous encourage,des personnes qui vous conseillent ,des personnes qui vous coachent ,qui vous orientent et qui

adherent à vos centre d'intérêt.

Autrement dit debarassez vous des personnes négatives et subjectives,éliminez leur de votre ensemble de définition.

Vous savez en règle mathématique l'on dit que $- \times + = -$ .Si vous associés a ses personnes elles vous découragement,elle débiteront votre QE,et vous serez vous aussi négatives.

Retenez que chaque personne dispose d'un compte emmotionel,qui soit est crédité ou débité chaque fois que vous recevez un compliment ou un mauvais compliment.
Fuyez ceux qui vous entraineront loin de vos buts.Batissez- vous votre monde et dirigez le selon vos objectifs.

Personne ne peut vous bâtir un monde propre a vous et vos principes,ils pourriont certes vous conseiller, mais vous savez ce qui correspond a votre vision.

En conclusion sortez de la majorité de ceux qui échouent et entrez du milieux de la minorité qui réussissent.Choisissez des amis qui vous ressemble et assemblez vous!

X-Qu'est ce qui vous motive ,Le travail ou l'argent?

Avez vous un stimulant?

Sinon quel est votre élément motivateur dans votre travail quotidien vers votre but? Les réponses diversifieront c'est sûr, mais laissez moi vous faire cette révélation. Nous avons fait une petite étude sur la motivation des gens dans l'entrepreunariat.Le résultat est plus ou moins suprennant.Voyez vous plus de 50% sont motivés à entreprendre et leur motivation est lié au gain financier qu'ils vont avoir.

C'est une grande eureur,la première chose qui devrait nous dominer c'est la **motivation intrinsèque(MI)** et non la **motivation extrinsèque(ME)** Quand la motivation vient de l'intérieur (lié a l'amour pour le travail ,metier que vous exercez), elle attire l'extérieur c'est a dire l'argent.L'argent an son tour va faire la cerise sur le gâteau.

En réalité si vous vous focalisez trop sur l'argent ,vous risquez de ne pas en avoir.Se voir toujours en train de compter des millions ne pourra être possible que si votre motivation vienne de l'intérieur c'est a dire votre amour pour le travail . N'entreprenez pas parce que vous avez besoin d'argent,mais parce que vous êtes motivés à aider ,à bâtir.

Tous ceux qui ont manqué la motivation intrinsèque(MI)n'ont pas pu donner le meilleur de soi même.Ce que l'on oublie est que la deuxième motivation dépend de la

première.

Cette logique ne marche que lorsque vous travaillez pour vous même. N'oubliez pas que même si certaines entreprises font des promotions en fonction de la motivation intrinsèque, il n'en est pas de même pour d'autres.

Étant donné que vous n'êtes pas le gérant non plus le CEO votre MI va développer l'entreprise,mais vous ne recevrez que ce que l'entreprise a prévu comme ME pour vous.

Votre motivation doit être réelle.

XI- Faites vous identifier

Nous nous sommes tous fait identifier a chaque étape de vie.A la maison nous avions un nom entre nous ami nous avions un surnom qui en générale était fonction de quelque qui 'était propre.

Et très souvent ses surnoms variaient d'un environnement a un autre.Tel les autres vous voyait ,ou tel vous leur apparaissez ainsi votre second nom était formulé.

Voici une histoire dans un quartier d'Abidjan ,cote d'Ivoire qui m'a vraiment touché et elle m'a permis de comprendre le phénomène de l'identification depuis le lycée.
Vous voyez ,il y'avait dans ce quartier deux hommes.L'un était un grand

bagarreur,tout ce qui était dispute,baggare attirait son attention,tous ses débats portaient sur les films de violence ;en un mot il ne parlait que de bagarre et l'autre un jeune homme très cultivé et connu dans le quartier pour ses participations brillantes a tout sorte de débats.Il avait toujours en sa possession de quoi à lire(un vieux journal,un livre ,un roman.....)Tous ses sujets de discussion portaient sur l'actualité. Quand il y avait une information a trancher ,l'on décidait d'attendre l'arrivée de l'intellect.

Chacun des deux avait un surnom sans qu'il n'aient demandé. Le premier, le quartier l'appelait "varrant",le second il était appelé "l'intellect".

Voyez vous j'ai compris ce jour que nous nous faisons identifier sans le savoir et les autres le font pour nous sans s'emmerder soit par nos gouts ,soit par notre apparence soit par ce que nous faisons.

La question que je voudrais vous poser est la suivante:*Par quoi les autres vous identifient t-ils?*

Nous sommes tous comme des produits finis et restant a être conditionnés (mise en bouteille,étiquetage...)

Nous sommes finis dans la mesure nous sommes dotés de capacités nécessaires pour parfaire notre quotidien.

Le conditionnement c'est nous qui le faisons .Nous faisons notre mise en bouteille et

notre étiquetage.

Quelle étiquette êtes vous donnés?

En tant que leader vous devez vous faire identifier physiquement ,spirituellement,professionellement....l'on devrait vous reconnaitre par quelque chose de positive sur votre personalité,un qualificatif qui vous ressemble,un surnom qui vous ressemble....

Donnez vous de la valeur et vous en aurez au yeux des autres.

XII-VOTRE CHOIX

Mes amis ,il y'a parfois des langages qui nous condamne sans qu'on ne le sache .Nous pouvons citer parmis plusieurs celui-ci: _Je n'ai pas le choix

Moi je te dirai que tu as le choix et même plusieurs. Tu as choisi de vivre, et c'est un choix. Certains me diront mais c'est Dieu qui donne la vie et je suis d'accord.Cependant je peux choisir aujourd'hui de mettre fin a ma vie par un succide.Si je le fais ,j'aurais opéré un choix qui n'a rien a voir avec Dieu.

Quand tu dis je n'ai pas le choix ,a l'instant même ou tu le dis ,tu viens de faire un choix celui de ne pas avoir de choix. Ne limitons pas notre force de pensée ,ne laissons pas les facteurs artificiels tel que :la peur,la timidité, la honte

,l'ignorance,l'opinion des autres ....faire des choix pour nous. Nous pouvons faire plus que ne l'ignorons. Nous sommes des être multifonctions,et multi programmes.

Apprenez a faire de bon choix dans la vie .La vie nous donne en générale ce dont nous nourrissons constamment en pensée.Nos choix determinent nos résultats et donc quand nos choix sont mauvais ,nous produisons de mauvais résultats.

XIII-Votre Langage ,un couteau à double face

Le langage est un élément clé dans votre quête d'indépendance professionelle et financière. C'est lui que nous utilisons pour nous exprimer .
Il determine notre personnalité par notre expression ,il exprime nos pensée intérieur (vœux ,souhait,mauvais sentiment,meilleurs sentiments....)

Ce même langage exprime notre personnalité puisque par ce que nous extériorisons ,l'on identifie notre personnalité.

La bible chez les chrétiens nous dit que *la vie et la mort sont au pouvoir de la langue.*

Ce passage nous dit clairement que le langage contenant la parole a une puissance.
Dans la parole il ya deux choses : *la foi et la peur*

Quand dans le langage ,il est exprimé une parole avec foi ,avec conviction

automatiquement nous la concevons et elle prend place en nous.Une fois qu'elle prend place en nous l'exprimons toujours de manière consciente comme inconsciente cette pensés.Voilà pourquoi je parlais de votre choix dans l'article précédent ,puisque nos choix sont des pensées parfois matérialisée.

Dans ce meme langage quand il y'a une parole de peur,elle influence aussi notre subconscient et devient psychologique.De manière inconsciente il ya des choses que nous ne voudrions jamais faire quand bien même qu'elles sont bonnes.

J'essaie tout simplement de vous dire que votre langage est un élément clé dans votre élan vers le succès. Il vous condamne comme il vous libère .Si vous ne le controlez et que vous ne l'ameliorez pas ,il vous causera du tord.
Le langage se manifeste par la puissance de l'imagination qui elle agit par la *loi de l'attraction* .

Cette loi nous dit que lorsque nous exprimons une pensée et que nous l'avons contemment en esprit nous l'attirons vers nous. Cette loi n'est rien d'autre que la manifestation de la foi.

Cher lecteur je voudrais vous emmener a changer votre mode de penser .Si 'votre mode de pensée change ,votre langage changera .

Votre mode de PEnsée doit être conforme a l'objectivité, au positivisme.Vous pouvez vous entrainez par des exercices tel que *l'autosuggestion et la visualisation mentale positive* ,outils adéquat dans la formation de la personnalité.

Declarez de bonne parole ,de parole positive et pleine de conviction et vous declancherez l'alarme de succès.

XIV-Les marques d'un gagneur

Tous sommes faits pour gagner ,pour exceller ,prospérer peu importe dans notre domaine .Cependant si certains y parviennent et d'autres n'y arrivent pas,c'est qu'il ya quelque de particulier chez certains.

Nous vous disions un peu plus haut qu'il ya des règles a respecter dans le monde de ceux qui réussissent.

Nul n'est prédestiné à l'échec ,à la misère, à la peuneurie....
Chez ceux qui réussissent ,on retrouve:
-La foi et l'amour en ce qu'ils font
-L'objectivité
-Le positivisme
-L'optimisme
-La persévérance
-La pro-activité
-L'action
-La confiance en soi
-L'auto-oublie
-l'humanisme

-la créativité

-la tolérance

-La non violence

-La reconnaissance

-La gratitude

Ils ont un champ de vision qui diffèrent des autres .

-Ils voient des opportunités au delà des difficultés

-Ils voient une ou des solutions au equations de la vie

-Ils voient succès a la place de l'échec

-Ils voient le bonheur au dela du malheur

-Ils voient l'abondance à la place de la disette

Ils pensent donc possibilité, opportunités, solutions,succès, bonheur,abondance.

Ceux qui réussissent ont une attitude

-Ils savent saisir les opportunités

-Ils savent se créer des contacts

-Ils savent partager

-Ils Savent dire la vérité quand il le faut

-Ils savent prendre des risques

-ils savent prendre des décisions

-Ils savent ce qui est bon 'pour eux

-Ils savent distinguer l'important du non important,l'urgent du non urgent,

-Ils savent partager leur vision....

Ils ont aussi des qualités,ils:

-forment

-coachent

-dirigent

-planifient

-organisent

-ecoutent

Ceux qui réussissent font un bilan de leur activité quand il le faut,ils cherchent à parfaire les choses.Quand ca ne marche pas ils ne rejettent pas la faute sur les autres, ils recherchent l'erreur en eux.

Je n'etalerai pas les traits de ceux qui échouent car mon objectif est de vous inculquer les habitudes de ceux qui réussissent.

Si vous ne voyez pas ces traits chez vous ,alors commencez de les introduire dans votre quotidien.

XV-Faites vous un lavage de cerveau

Vous avez longtemps entendu ,vus,vecus des choses que vous avez accepté et conçue dans votre esprit.Ces choses vous ont entrainé dans le camp de ceux qui perdent .
Pour vous aider a prendre le nouvel elan ,procédez par un lavage de cerveau.

Le lavage va consister a vous débarrasser de vos anciennes conceptions.

1ere Étape:
Prenez un stylo et une feuille et definissez un objectif claire et précis

2e étape:
Découpez l'objectif fixé en plusieurs sous objectifs

3e étape :Fixez vous des délais

4e étape:Je passe a mon excercise

L'exercice va consiter a inculquer votre objectif dans esprit afin d'emmener votre subconscient a agir dans le sens de vos objectifs.

Le premier exercice c'est **la *visualisation mentale positive***

Trouvez vous des temps tous les jours de préférence au couché et au levé.

Asseyez vous ,detendez vous ,fermez les yeux pour ne pas être distrait et mettez votre machine de reflexion en marche.

Pensez a ce que vous voulez, materialisez le dans votre esprit,voyez vous entrain de faire ce que vous voulez faire,voyez vous entrain de progresser,créer un monde dans lequel vous dominez,dans lequel vous disposez tout ce dont vous voulez et bien sûr dans le monde des possibilités humaines. Soyez réaliste envers vous même.

Pensez a des choses qui vous motiverons,des choses qui vous donnent envie de vivre.

C'est un exercice pratique ,dans les debuts vous ne compendrez pas l'importance ,mais continuez chaque soir au coucher et chaque matin au lever et même partout quand vous avez la possibilité et vous verrez les résultats ,c'est épatant.

Cet exercice va vous stimuler ,il va réveiller votre puissance intérieur.

*Le second excercise' c'est **l'autosuggestion***

Elle va vous aider a diriger votre subconscient,sa pratique consiste a vous répéter de parole positive a plusieurs reprise et a haute voix afin de l'introduire dans le subconscient.

Ces paroles positives sont celles que desirez s'accomplir dans votre quotidien.

Elle vous idera a retenir et le manifester a tout moment

Quelques exemple de parole positive

-Je suis un leader

-j'ai du succès dans tout ce que j'entreprends

-Je suis en bonne santé,

-l'argent afflue ma vie et comble mes besoins

-........

Vous pouvez en fonction de vos objectifs vous créer une liste de pensée positive que vous 'allez vous auto suggerer.Il s'agit d'un exercice très pratique pour ceux qui aspirent adopter une attitude mentale positive.

Une fois qu'une pensée est inculquée dans l'esprit ,elle est la constamment à notre esprit et nous pouvons donc la manifester.

Évitez les formulations négatives du genre

Je ne veux pas échouer

Je ne suis pas malade

Les mots clés dans ces déclarations sont: échouer, malade.Si vous répétez cela a plusieurs reprises ,c'est le mot clé qui est retenu par le subconscient.

XVI-Attendez peu des autres

Vous ait il souvent arrivé d'attendre quelque chose de la part des autres ?Comment cela s'est il passé .Certainement vous avez parfois été déçu comme satisfaits. CommeNt avez vous pris le retour quand vous avez été déçu ?

Vous devez savoir que vous n'aurez pas toujours ce que vous attendez des autres. Vous devez compter sur vous même vous êtes le seul qui puisse vous servir ,personnes d'autres.

Aussi je vous demande d'attendre peu des autres ,vous n'aurez toujours pas ce que vous attendez d'eux(amour,attention,argent,encouragement.....) Mais ,donnez leur ce que vous attendez d'eux ,c'est la meilleure manière d'en recevoir en retour même si ce n'est pas 100%.

Prenons un exemple très simple .Quand le cultivateur cultive du manioc ,il récolte du manioc ,quand il sème du maïs ,il récolte du maïs.Vous ne pouvez pas prétendre vouloir les meilleurs sentiments et ne pas en donner à votre tour .Soyez toujours le

premier a en donner et n'attendez rien en retour.

Retenez qu'on ne peut pas semer la haine et recoltrer l'amour ,c'est impossible.

N'attendez pas les autres pour vous motiver,motivez -vous vous même !

N'attendez pas les autres pour vous aimer ,aimez-vous vous même !

N'attendez pas les autres pour vous apprécier ,appreciez-vous vous même

N'attendez ps les autres pour vous encourager ,Encourgez -vous vous même

Vous êtes le seul dans votre quête du bonheur et personnes ne saura vous donner ce dont vous avez besoin et au moment où vous en auriez besoin.

XVII-Votre rêve ,comment le vivez -vous?

Chaque personne dispose d'un rêve qu'elle souhaiterais materiliser durant son passage sur terre.La taille de Ces rêves varie d'un individu a un autre.Ces rêves contituent parfois pour nous une partie de notre vie ,d'autres parleront de vision,et certains parleront d'ambition.

Ce que je voudrais vous demander ,comment vivez vous ce rêve ?

Votre rêve devrait d'abord être quelque chose de réalisable même si ,il pourrait paraitre impossible pour certains .

Ensuite il devrait être pour vous une passion

Enfin votre rêve devrait etre comme un scenario, et vous l'acteur principal.

Ne revez pas à quelque chose qui est irréalisable ,sinon vous vous ridiculiserez vous même.Votre rêve doit s'etendre dans la limite des possibilités humaines.En plus de cela,si votre rêve ne vous motive pas c'est qu'il n' a pas sa raison d'être. Vous devrez être passionné par votre rêve.

Partout ,où que vous soyez vous devez parler de votre rêve ,c'est ainsi que vous fasçonnerez les autres qui devraient être pour vous des acteurs.
La manière dont vous vivrez votre ,c'est de la même manière que vous emmenerez les autres à adhérer et à participer à votre rêve .

Vous devez vivre votre rêve déjà dans l'esprit et cela se repercutera sur votre manière de faire les choses ,de voir,d'agir .

Ne minimisez pas votre rêve ,il pourait s'agir de quelque chose de grand que l'humanité n'est jamais connu.Ayez de l'amour pour votre vision et vivez la chaque jour dans votre esprit ,dans votre langage,dans votre physique etc...

Trouvez chaque jour un temps de méditation sur votre rêve. Faites le tous les jours et vous verez que de façon inée vous produirez des résultats de votre rêve.N'oubliez pas que vous êtes le seul acteur.

XVIII-Les ennemies du succès

Dans le processus de la course vers le succès, il y'a certains éléments qui ne favorisent pas notre élan.Ils nous font perdre le temps ,ils nous font dépenser de l'énergie,la santé, ils nous font perdre la concentration ...etc

Et pourtant nous avons besoin du temps ,de l'énergie,la santé,de la concentration pour y arriver.

Il est donc important de connaitre ces ennemies afin de les combattre.

Le terme ennemies dans son sens figuré ici voudrait montrer tout simplement ces éléments constituent un obstacle pour votre succès.

Nous pouvons citer entre autre :

-Les rongeur s de temps

-la peur

-l'excusite

-le perferctionnisme

Les rongeurs de temps sont de petites occupations non importantes ni urgentes auxquelles vous accordez assez de temps très souvent.

par exemple: Facebook ,les échanges de SMS sur téléphone portable ,les smartphones et tablette,la télévision,les maquis et bar etc...

Ces éléments cités font partis de nos quotidiens et ils nous empêchent d'utiliser notre temps comme il se doit.Or une minutes perdue est irrécupérable.

Aujourd'hui plus de 50% de la population utilisent tous ceux dont nous avons cité.Ils y passent 1/4 de leur temps juste pour ddes choses qui ne cadre pas avec leur vision. L'on est tres souvent concentré sur son smartphone,sur tablette a la recherche d'application, de jeux ,de téléchargement etc...

Imaginez que vous perdiez au minimum 1/4 heure de votre temps par jour,faites le calcul et vous verez a combien de perdu cela s'estime sur un mois,un an.....dix ans. Les anglais disent très souvent *" time is money"* moi je paraphrase pour dire *money is in a time*.Chaque instant qui passe est une opportunité pour découvrir ,pour réfléchir,pour examiner.

Sachez faire la part entre *play time et* **work time.**

Ne confondez pas l'important ,l 'urgent et le non important ,non urgent. Vous devez banir les rongeurs de temps de votre quotidien.Maximisez votre temps. Pour y parvenir planifier votre temps,faites un check list tous les jours de vos taches a faire.Classez les par ordre d'important et urgent au moins important et moins urgent.

Le second cité c'est a dire **la peur** est l'une des véritable cause de l'échec .La peur est une reaction normale et naturel,elle intervient a la suite d'une action,d'un fait imprévue .Elle est parfois le fruit de nos croyances .Par exemple depuis tout petit la peur de certains animaux tels que le serpent,le lion ,l,hyène... nous ont été inculqué au

point ou nous fuyons âpres avoir vu ces animaux.D'autres ont réussi dans leur vécu d'autre formation qui font d'eux des être insensible face a ces animaux sus cités.

Voyez vous que la peur même quand elle est naturelle peut être vaincue.

Ce type de peur n'est pas a blâmer et ne peut être un obstacle a notre succès.

Quand La peur devient une attitude mentale enfouit dans le subconscient et devient une sorte de croyance au point a ne plus pouvoir agir ,s'exprimer,demander,elle devient en ce moment un ennemi qu'il faut écarter.

Aujourd'hui la peur est très souvent liée à notre mode de pensé.

Vous pensez que les autres sont plus fort que vous et du coup la peur de se faire ridiculiser ,humilier vous empêche d'agir.

La peur de s'exprimer comme une vache espagnole ,ne vous poussera jamais a agir en public.

La peur d'être refusé lorsque vous demandez vous empêche de demander.

Un jour un de mes amis me fais la confidence qu'il avait fortement envie de s'investir dans une activité ,mais les risque était tellement énorme qu'il n'avait pas jusqu'à présent investir:Ça c'est la peur d'échouer.

Voyez vous si cet ami ne se fait pas un lavage de cerveau ,il ne réussira pas a investir dans ce secteur, et il mourra avec son projet.

La peur pourrait être liée encore a vos experiences négatives passées,par exemple une trahison,un mauvais essais dans une affaire,etc...
Dans ce cas la peur devient psychologique.

Voici encore un autre exemple,mon oncle s'était investi une année dans le secteur du transport et il fit une mauvaise experience.Cette mauvaise expérience a fait qu'il refuse de s'y investir a nouveau.Lorsque je lui ait demandé ,il m'a di qu'il n'avait pas de chance dans ce secteur ,je lui ait di oncle :C'est la peur d'échouer encore sinon de faire encore une mauvaise expérience qui mine l'esprit .

Vous devez comprendre que la peur est un mauvais conseiller,il vous retiens dans votre zone de confort et vous pousse à ne pas agir.

L'excusite n'est rien d'autre que le faite de se cacher derrière des excuses afin de ne pas agir quand il faut et comme il se doit. Cet individu trouve toujours des raisons a son manque d'incompétence, a son insuccès 'a ses deboirs .Il est toujours en situation de victime, c'est lui qui pense toujours subir des choses de la part des autres. Quand il rate la cible ,il ne cherche pas les raisons en lui ,il les cherche plutôt ailleurs.

Il ne se culpabilise jamais.Il est sans faute selon lui et passe son temps a blâmer les autres pour ses insuccès.

Pour ma part un homme qui agit ainsi n'est pas loin d'être un malade mental.
Il ne pourra jamais avoir du succès ,car pour le fait de se justifier tous les jours, il est loin d'être quelqu'un qui veuille apprendre pour ameliorer son futur.

Les excuses nous font tourner en rond et ne produisent pas les fruits du succès. IL faut quitter ce concept.

Le perfectionnisme ,lui c'est le moyen de ne jamais être prêt pour affronter une affaire. Il vous pousse a remettre a demain ce que vous ne pouvez faire aujourd'hui. Vous trouverez toujours qu'il vous manque prequel chose pour agir.Ce quelque chose pourrait être le temps,de l'argent,des compétentes, un local,etc...

Retenez que vous n'aurez toujours pas la totalité de ce dont vous avez besoin pour démarrer votre business.Vous devez toujours commencer quelque part pour arriver quelque part d'autre.Que savez vous ?peut être que votre histoire sera plus épatante et ediffiante que celle de Coca-Cola.Oui c'est possible si vous le croyez.

Fuyez donc les échappatoires et entrez dans le club de ceux qui réussissent.

A savoir

Ce livre broché se veut un veritable outils d'ouverture d'esprit ,de prise de conscience et de coaching ou d'accompagnement dans un monde devenu beaucoup trop stratégique.

Il ne fait que vous rappeler certaines choses que vous connaissez ou avez déjà entendu parlé.

Pour notre part nous pensons tout est possible a celui qui adopte un nouvel élan (changement d'État d'esprit,ouverture de conscience) ,qui adhère a l'école de la réussite, qui commence par le développement de son QE.

Le succès tout comme la réussite se planifie ,et il est basé sur un certains principes .Vous pouvez feindre de ne pas voir ce état de fait ,mais il s'appliquera a vous sans exception.La reussite n'a jamais été l'oeuvre d'un seul jour.C'est un processus qui s'applique d'abord sur vous en premier lieu et le reste ensuite.
Si vous ne développez pas votre personnalité ,il vous sera difficile de faire marche vers le succès.

Nous pensons a travers ce livre broché ,avoir participé a votre édification, a votre ouverture d'esprit ,nous pensons également avoir augmenté votre aspiration ,sinon crédite votre QE.Nous croyons en votre potentialité, en capacité de changer votre monde et d'en faire un paradis a votre guise,mais vous devez dès lecture de ce livre adopter un nouvel élan propice au succès.

Sur ce Nous vous remercions d'avoir choisi d'appartenir a la minorité c'est a dire au club de la réussite :les créateurs de richesses.

Nous vous souhaitons le bonheur possible.

A très vite sur http://cin2e.over-blog.com

Table of Contents

www.ingramcontent.com/pod-product-compliance
Lightning Source LLC
Chambersburg PA
CBHW031814190326
41518CB00006B/334